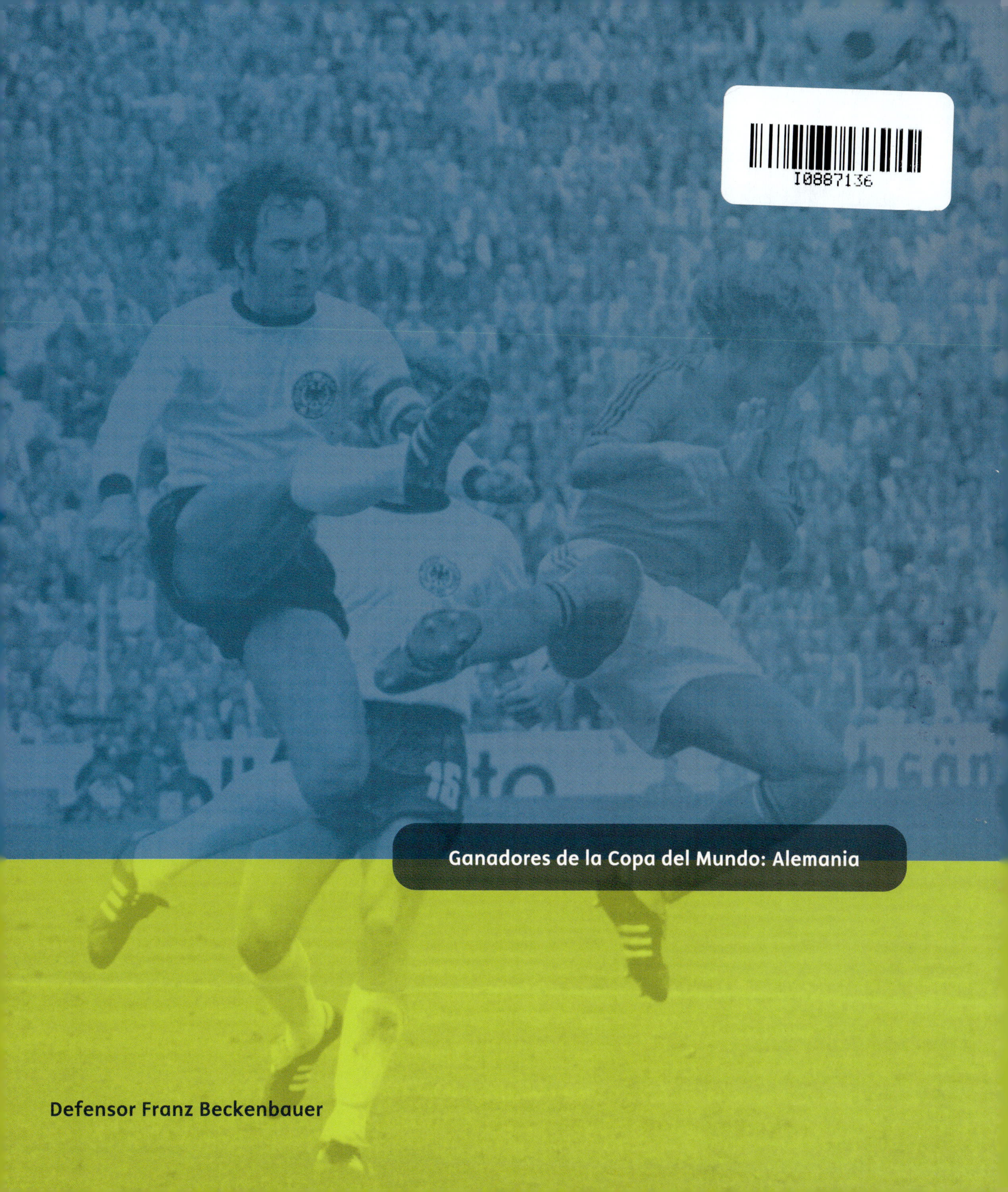

Ganadores de la Copa del Mundo: Alemania

Defensor Franz Beckenbauer

Delantero Jürgen Klinsmann

GANADORES DE LA COPA DEL MUNDO

ALEMANIA

JASON OLSON

CREATIVE SPORTS

CREATIVE EDUCATION / CREATIVE PAPERBACKS

Publicado por Creative Education y Creative Paperbacks
P.O. Box 227, Mankato, Minnesota 56002
Creative Education y Creative Paperbacks
son sellos editoriales de The Creative Company
www.thecreativecompany.us

Diseño de Blue Design (www.bluedes.com)

Imágenes de Getty Images/AFP, 24, Andreas Gebert/picture alliance, 6, Bettmann, 1, Duffy/Allsport/Hulton Archive, 19, George Tiedemann, 2, Horstmüller/ullstein bild, 15, Jamie McDonald, 16, Jan Pitman, 3, 10, PEDRO UGARTE, 20, Stefan Matzke - sampics, portada, 7; Unsplash/Ashley Knedler, 9; Wikimedia Commons/ ETH Library, 4, Herbert Behrens / Anefo, 12, IER89 7, 5
Se ha hecho todo lo posible por contactar con los titulares de los derechos de autor del material reproducido en este libro. Cualquier omisión será rectificada en impresiones posteriores si se notifica al editor.

Library of Congress Cataloging-in-Publication Data
Names: Olson, Jason, 1981- author.
Title: Alemania / Jason Olson.
Other titles: Germany. Spanish
Description: Mankato, Minnesota : Creative Education and Creative Paperbacks, [2026] | Series: Creative Sports. Ganadores de la Copa del Mundo | Includes index. | Audience: Ages 7-10 years | Audience: Grades 2-3 | Text in North American Spanish. | Summary: "Germany has won four FIFA World Cups, and finished second, third, or fourth in several other World Cups. This elementary-level title, translated into North American Spanish, follows "Die Mannschaft" as they kick their way into soccer history"— Provided by publisher.
Identifiers: LCCN 2024053689 | ISBN 9798889899013 (lib. bdg.) | ISBN 9781682779415 (paperback) | ISBN 9798889899808 (ebook)
Subjects: LCSH: Soccer—Germany—History—Juvenile literature. | Soccer—Germany (East)—History—Juvenile literature. | Soccer—Germany (West)—History—Juvenile literature. | Soccer players—Germany—Juvenile literature. | World Cup (Soccer) (1954 : Switzerland)--Juvenile literature. | World Cup (Soccer) (1974 : Germany, West)—Juvenile literature. | World Cup (Soccer) (1990 : Italy)—Juvenile literature. | World Cup (Soccer) (2014 : Brazil)—Juvenile literature. | Fédération internationale de football association—Juvenile literature.
Classification: LCC GV944.G3 O5718 2026 | DDC 796.3340943—dc23/eng/20241227

Impreso en la India

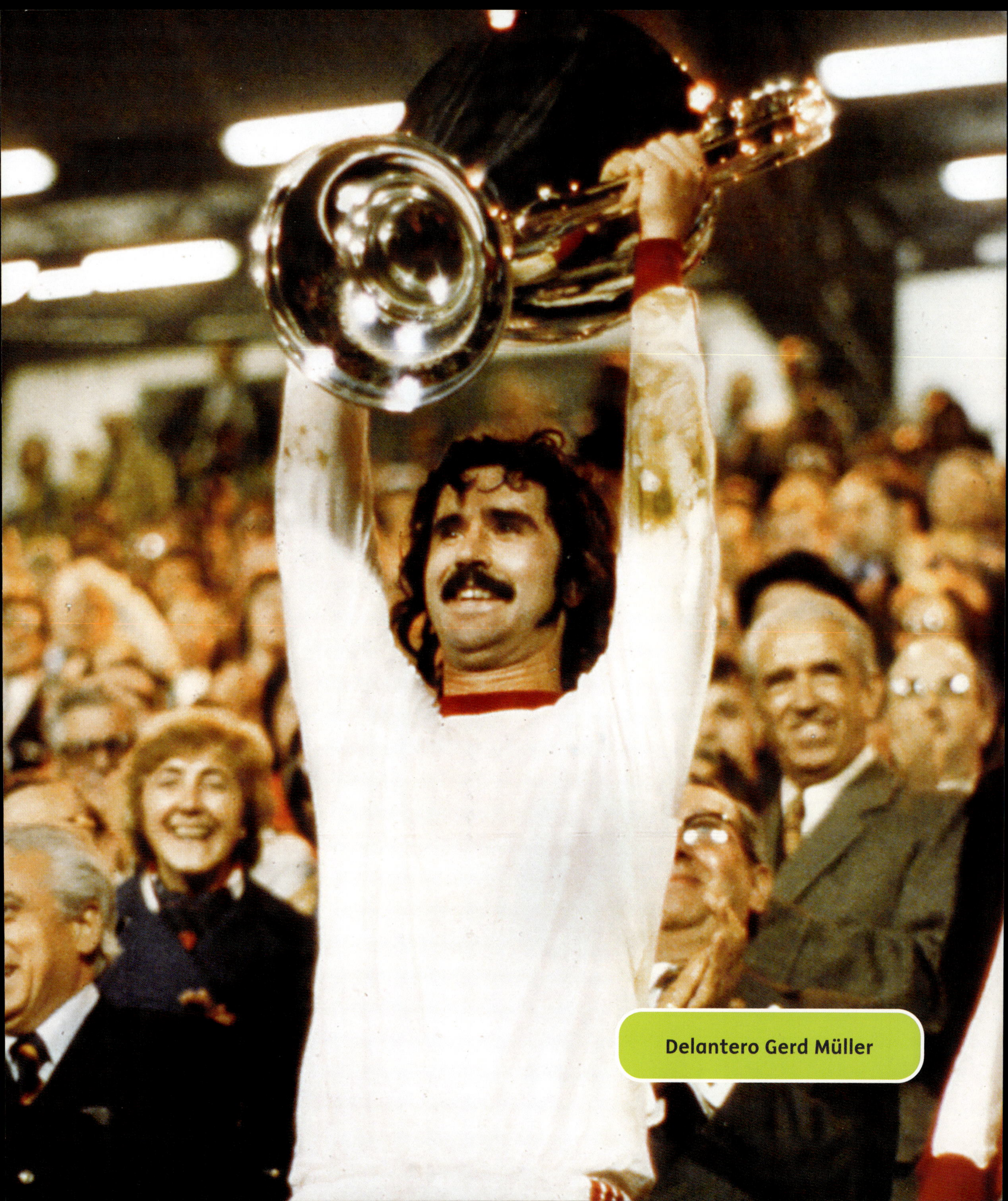

Delantero Gerd Müller

Mediocampista Toni Kroos

CONTENIDO

El país del equipo

Alemania es un país grande en el oeste de Europa. Se extiende desde los Alpes hasta el mar Báltico. La Selva Negra contiene el origen del río Danubio. Es uno de los ríos más largos de Europa.

A los alemanes les encanta el fútbol, y con razón. Su selección nacional es uno de los pocos equipos que ha ganado la Copa del Mundo. La Copa del Mundo es un torneo de fútbol a nivel mundial. Los países forman equipos con sus mejores jugadores. Cada cuatro años, compiten para convertirse en campeones del mundo.

Portero Oliver Kahn

Tradiciones del equipo

Los alemanes llaman a su selección nacional "Nationalelf" ("Once Nacional") o "Die Mannschaft" ("El Equipo"). Es conocida por su estilo de juego físico. Los Países Bajos e Italia son algunos de sus **rivales**.

Los fanáticos salen a las calles para animar al equipo en su camino a los partidos. Muchos de ellos se pintan la cara y visten disfraces. Los fanáticos que no pueden asistir al estadio suelen organizar fiestas con parrilladas.

Delantero Helmut Rahn

Historia del equipo

Desde 1945 hasta 1990, Alemania Occidental y Alemania Oriental tuvieron sus propios equipos. Alemania Occidental ganó la Copa del Mundo de 1954. Su equipo **no favorito** venció al **favorito** Hungría por 3-2. Helmut Rahn anotó el gol de la victoria en "El Milagro de Berna".

El "Partido del Siglo" fue una salvaje derrota 4-3 en semifinales contra Italia en la Copa del Mundo de 1970. Cinco de los siete goles se anotaron durante la prórroga. Alemania Occidental obtuvo el título de la Copa del Mundo de 1974 en su propio país, con una victoria 2-1 sobre los Países Bajos.

GANADORES DE LA COPA DEL MUNDO

En la Copa del Mundo de 1990, Alemania Occidental ganó su tercer título. Derrotó a Argentina 1-0. Fue la tercera final consecutiva del equipo alemán. Su capitán, Lothar Matthäus, jugó un récord de 150 partidos y marcó 23 goles.

Mediocampista Lothar Matthäus (derecha)

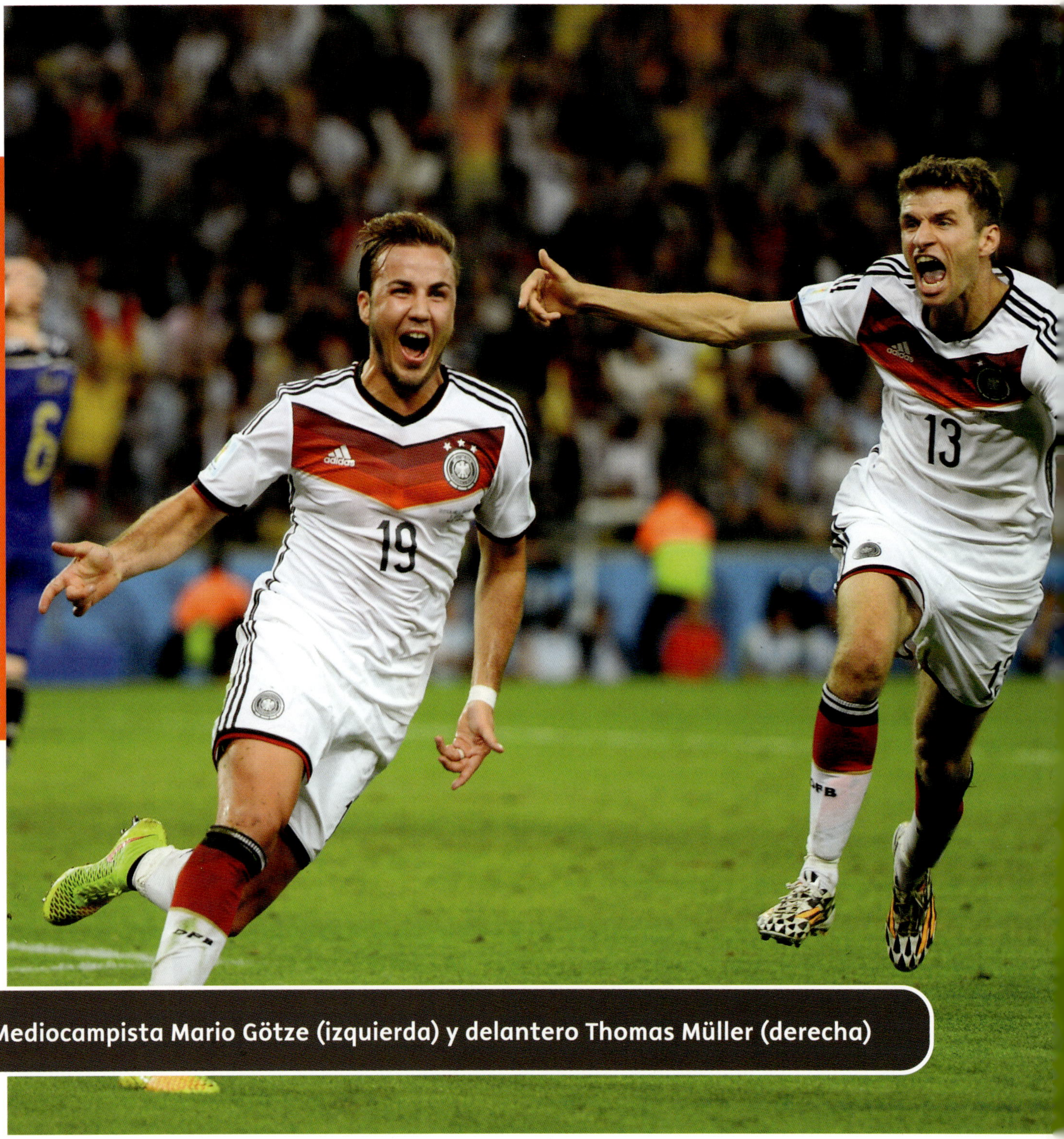

Mediocampista Mario Götze (izquierda) y delantero Thomas Müller (derecha)

Después de 1990, Alemania compitió como un solo equipo. En 2014, se convirtió en el primer equipo europeo en ganar una Copa del Mundo en América. Derrotó a Argentina 1-0 en la final. Mario Götze anotó el gol de la victoria durante la prórroga, ¡en el minuto 113! Para llegar a la final, Alemania derrotó al país anfitrión, Brasil, 7-1. Fue una gran victoria para Alemania y una derrota aplastante para su rival.

Estrellas del equipo

Alemania ha tenido muchas estrellas en su historia. Franz Beckenbauer (llamado "el Káiser" o "el Emperador") es el único defensor en ganar dos **Ballon d'Or**. Es una de las tres únicas personas que han ganado la Copa del Mundo como jugador y como entrenador. El delantero Gerd Müller anotó 68 goles en 62 **partidos internacionales**. Sus 14 goles en partidos de la Copa del Mundo fueron un récord que se mantuvo durante 32 años.

Defensor Franz Beckenbauer

ALEMANIA

Delantero Miroslav Klose

Miroslav Klose es el máximo goleador histórico de Alemania (71 goles en 137 partidos). También ostenta el récord de más goles anotados en Copas del Mundo, con 16 goles en cuatro torneos. Oliver Kahn es el único portero en ganar el **Balón de Oro**. Los jóvenes jugadores esperan ganar otra Copa del Mundo para Alemania pronto.

Acerca de la selección nacional de Alemania

Primer año: 1908

Colores del equipo: blanco, negro, rojo, oro

Estadio local: varios (incluidos el Olympiastadion, el Allianz Arena y el Signal Iduna Park)

VICTORIAS EN LA COPA DEL MUNDO:

1954, 3-2 contra Hungría

1974, 2-1 contra los Países Bajos

1990, 1-0 contra Argentina

2014, 1-0 contra Argentina

SITIO WEB:

https://www.dfb.de/en/home

Glosario

Ballon d'Or: un premio otorgado cada año al mejor jugador de fútbol del mundo

Balón de Oro: un premio otorgado al mejor jugador de cada Copa del Mundo

favorito: un equipo que se espera que gane

no favorito: un equipo que no se espera que gane

partido internacional: un encuentro oficial jugado para una selección nacional de fútbol

rival: un equipo que juega muy duro contra otro equipo

Delantero Gerd Müller

Índice alfabético